EXCURSIONS GÉOLOGIQUES

AUX ENVIRONS

DE

BEAUVAIS

PAR

Charles JANET & J. BERGERON

Ingénieurs des Arts et Manufactures.

Extrait des Mémoires de la Société Académique de l'Oise.

BEAUVAIS

Imprimerie D. PERE, rue Saint-Jean.

1883.

EXCURSIONS

GÉOLOGIQUES

AUX ENVIRONS

DE BEAUVAIS.

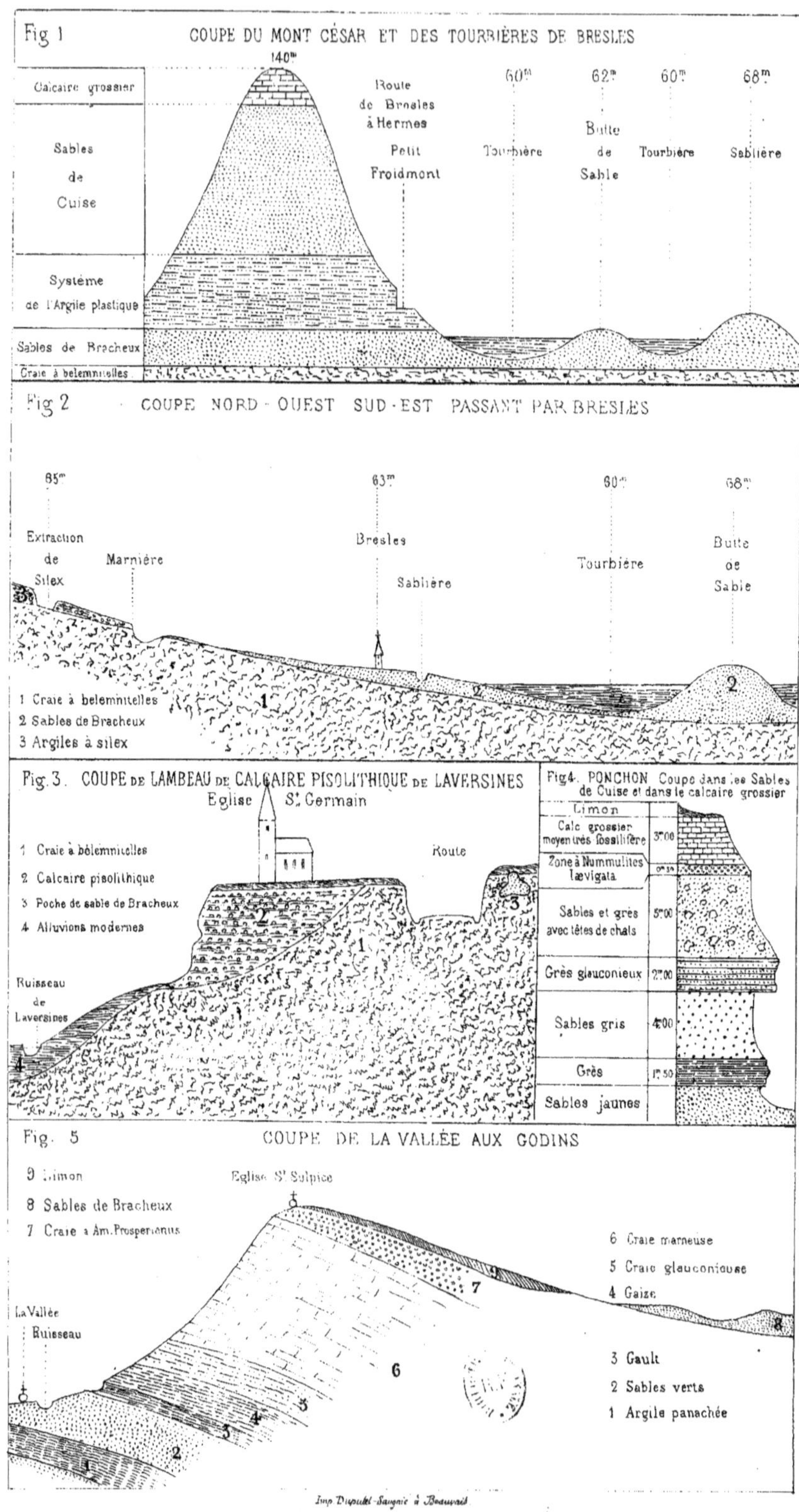

Fig 1
COUPE DU MONT CÉSAR ET DES TOURBIÈRES DE BRESLES
140ᵐ
60ᵐ 62ᵐ 60ᵐ 68ᵐ
Calcaire grossier
Route
de Bresles
à Hermes
Sables
de
Cuise
Petit
Froidmont
Tourbière
Butte
de
Sable
Tourbière
Sablière
Système
de l'Argile plastique
Sables de Bracheux
Craie à bélemnitelles
Fig 2
COUPE NORD-OUEST SUD-EST PASSANT PAR BRESLES
85ᵐ
63ᵐ
60ᵐ
68ᵐ
Extraction
de
Silex
Marnière
Bresles
Sablière
Tourbière
Butte
de
Sable
1 Craie à bélemnitelles
2 Sables de Bracheux
3 Argiles à silex
Fig. 3. COUPE DE LAMBEAU DE CALCAIRE PISOLITHIQUE DE LAVERSINES
Eglise St Germain
Route
1 Craie à bélemnitelles
2 Calcaire pisolithique
3 Poche de sable de Bracheux
4 Alluvions modernes
Ruisseau
de
Laversines
Fig 4. PONCHON Coupe dans les Sables
de Cuise et dans le calcaire grossier
Limon
Calc. grossier
moyen très fossilifère 3ᵐ00
Zone à Nummulites
lævigata 0ᵐ30
Sables et grès
avec têtes de chats 5ᵐ00
Grès glauconieux 2ᵐ00
Sables gris 4ᵐ00
Grès 1ᵐ50
Sables jaunes
Fig. 5
COUPE DE LA VALLÉE AUX GODINS
9 Limon
8 Sables de Bracheux
7 Craie à Am. Prosperianus
Eglise St Sulpice
6 Craie marneuse
5 Craie glauconieuse
4 Gaize
La Vallée
Ruisseau
3 Gault
2 Sables verts
1 Argile panachée
Imp Duputel-Savignie à Beauvais

EXCURSIONS GÉOLOGIQUES

AUX ENVIRONS

DE

BEAUVAIS

PAR

Charles JANET & J. BERGERON

Ingénieurs des Arts et Manufactures.

Extrait des Mémoires de la Société Académique de l'Oise.

BEAUVAIS

Imprimerie D. PÈRE, rue Saint-Jean.

1883.

EXCURSIONS GÉOLOGIQUES

AUX ENVIRONS DE BEAUVAIS

PAR

CHARLES JANET et J. BERGERON

Ingénieurs des Arts et Manufactures.

Le laboratoire de recherches géologiques de la Sorbonne a fait, au mois d'avril 1881, sous la direction de M. Munier Chalmas, maître de conférences à l'Ecole Normale, une intéressante excursion de quatre jours dans les environs de Beauvais.

Monsieur Hébert, professeur de Géologie à la Sorbonne, m'ayant demandé d'étudier l'itinéraire de cette excursion, je l'ai combiné de manière à montrer tous les terrains visibles dans notre région, en suivant, autant que possible, l'ordre de superposition.

Je viens de résumer, en collaboration avec mon ami J. Bergeron, préparateur du laboratoire de géologie de la Sorbonne, les notes que nous avons recueillies pendant le cours de ces excursions.

Je joins à ce petit travail, qui pourra servir de guide aux géologues qui voudront visiter les environs de Beauvais, les coupes que mon maître et ami, Monsieur Munier Chalmas, a relevées lui-même sur le terrain.

CHARLES JANET.

PREMIÈRE EXCURSION.

Le point de départ de la première excursion est Bresles. De cette localité nous nous dirigeons vers le Petit-Froidmont, pour examiner la structure du Mont-César, qui forme, en ce point, le rivage du bassin dans lequel se produit la tourbe. (Fig. I.)

Le système de l'Argile plastique forme la base du Mont-César. Une couche de lignites pyriteux, située à la partie inférieure de cette formation, donnait lieu, il y a quelques années, à un certain nombre d'exploitations dont nous voyons encore les traces. Ces lignites, après une assez longue exposition à l'air, étaient employés comme engrais. C'est une industrie à peu près abandonnée aujourd'hui.

Au point où nous nous trouvons, les lignites de l'Argile plastique et les tourbes sont presque au même niveau.

En nous élevant de quelques mètres, nous rencontrons, dans le talus de la route, les bancs argilo-sableux, qui forment la partie supérieure du système de l'Argile plastique.

Parmi les débris de fossiles que nous y trouvons, nous reconnaissons :

Cerithium variabile Desh.

Cerithium turbinoides, Desh.

Cyrena cuneiformis, Fer.

Ostrea Bellovacina, Lamk.

Au-dessus de ces couches saumâtres sont les sables de Cuise, qui forment la plus grande partie du Mont-César. Ils sont colorés en jaune et contiennent de nombreux rognons magnésiens, à cassure cristalline, appelés têtes de chat, et que leur dureté permet d'employer pour l'empierrement des routes. Leur épaisseur est de trente à quarante mètres.

Nous quittons la route et nous nous engageons sur les tourbières qui forment devant nous une plaine horizontale, ayant environ quatre kilomètres dans sa plus grande dimension, de l'Ouest à l'Est.

Un certain nombre d'exploitations réglées nous montrent une épaisseur d'environ cinq mètres de tourbe. Quelques petits bancs de sable blanc, intercalés, ont été amenés par les eaux courantes lors de la formation de la tourbe. Ils proviennent des sables de Bracheux, qui forment la base des collines limitant le bassin du côté Est, et des petites buttes qui émergent encore au sein de ces anciens marais. Pour se débarrasser des eaux qui gêneraient l'exploitation, on a tracé, au milieu de la tourbière, un certain nombre de canaux qui en permettent l'écoulement. Ces canaux, qui ont une pente très faible, deviennent insuffisants dans la saison pluvieuse, et les eaux, en débordant, entraînent de nombreuses coquilles vivantes, que nous trouvons mélangées, au milieu du limon récent, à quelques coquilles des lignites. Nous recueillons ainsi, en très grande abondance :

Bithynia tentaculata, Morris,

Helix pomatia, Schlth.,

Helix nemoralis, Muller,

Limnœa stagnalis, Draparnaud,

Planorbis cornu, Brgn.,

Planorbis angulatus, Brard.,

et quelques exemplaires roulés de la *Melania inquinata*, Def., et du *Cerithium variabile*, Desh. Puis nous rencontrons une petite butte de sable blanc formant un ilot dans la tourbière. C'est, sur une petite échelle, un témoin des puissantes érosions qui ont creusé les vallées de la région.

A la partie supérieure des bancs de tourbe, une couche terreuse, fortement colorée en jaune ocre, attire notre attention. C'est une couche de Limonite qui s'est formée entre la tourbe et la partie superficielle du sol, dans les conditions suivantes : un sulfure de fer non cristallisé, analogue, comme composition, à la Sperkise, et connu sous le nom de fer sulfuré des marais, est déposé par les eaux au milieu de la tourbe. L'oxydation postérieure de ce sulfure, au contact de l'air, et en présence du calcaire mélangé à la tourbe, donne de l'oxyde de fer et du sulfate de chaux ou gypse. Nous retrouvons ce dernier cristallisé sous forme d'aiguilles de cinq à six millimètres. Ce sulfure de fer peut encore donner naissance à des phosphates de fer par double décomposition au contact des substances organiques.

Au même endroit nous trouvons un tronc d'arbre passant à l'état de lignite ; et, bien que ce tronc soit à environ deux mètres de profondeur dans la tourbe, la décomposition n'est pas encore très avancée.

Un peu plus loin, des ouvriers ont recueilli quelques ossements de Cerf (*Cervus elaphus*). Ils rencontrent parfois des ossements de Loutre, de Castor, de Sanglier et de Bœuf.

Après avoir examiné les différentes exploitations de tourbe, nous arrivons à la principale des buttes de sable de Bracheux, que l'on rencontre au milieu du marais. (Fig. II.) Une exploitation, connue sous le nom de sablière de Bresles, nous offre une fort belle coupe que nous avons relevée comme suit :

Terre végétale.. $0^m,20$

Sables marins et plaquettes de grès calcarifère, avec empreintes de *Cyrena* et *Ostrea*. La partie supérieure de ces sables a été remaniée par les eaux quaternaires..... $0^m,90$

Sables verdâtres, sans fossiles...................... $0^m,90$

Sables verdâtres et blanchâtres par places, offrant en abondance la faune de Jonchéry....................... $0^m,80$

Sables pénétrant par ravinement dans les sables qui se trouvent au-dessous.............................. $0^m,20$

Ravinement :

Sables, très blancs dans une partie de la sablière, verdâtres dans d'autres parties, et ne contenant pas de fossiles... 5^m, »

Sol de la sablière :

Sables } non visibles.
Craie }

Nous observons dans ces sables quelques galets roulés provenant des silex de la craie et un grand nombre de fossiles, parmi lesquels nous citerons :

Cytherea Bellovacina, **Desh.**

Cyprina scutellaria, **Desh.**

Crassatella Bellovacina, **Desh.**

Corbis Davidsoni, Desh.
Cardium Edwardsi, Desh.
Cucullœa crassatina, Lamk.
Pectunculus polymorphus, Desh.
Ostrea Bellovacina, Lamk.

Nous nous dirigeons ensuite vers Bresles, et, avant d'entrer dans le village, nous rencontrons encore une sablière ouverte dans les sables de Bracheux. Nous y retrouvons les mêmes niveaux que dans la butte précédente. Des traces de ravinement y sont parfaitement visibles, et la partie des sables non ravinée n'offre plus la coloration blanche ; la glauconie leur donne, dans toute leur masse, une teinte nettement verte. Les poches produites par le ravinement sont plus considérables que celles observées précédemment, et nous y trouvons, accumulés sur certains points, de gros fossiles, principalement des *Cucullœa crassatina*, Lamk.

Ayant ainsi terminé l'étude des tourbières et des buttes tertiaires qui les entourent ou qui forment de petits îlots dans leur bassin, nous nous arrêtons à Bresles pour déjeûner et reprenons ensuite notre course dans la direction du Nord.

La région que nous allons explorer maintenant est complètement différente de celle que nous avons parcourue le matin ; plus de tourbières, plus de buttes sableuses, mais un calcaire s'élevant en pente douce. Nous sommes sur la craie à Bélemnitelles, recouverte d'une couche de limon à silex d'épaisseur variable.

La position des couches crétacées sur lesquelles nous nous trouvons, par rapport aux couches tertiaires, semble indiquer qu'elles ont servi de rivage aux mers qui ont déposé ces dernières. C'est ce qu'indique la coupe (Fig. II) passant par Bresles, suivant une direction sensiblement Nord-Sud.

Nous apercevons devant nous, vers le Nord et vers l'Est, plusieurs exploitations ouvertes dans la craie. Elles fournissent du carbonate de chaux pour le marnage des terres. De là le nom de marnières que leur donnent les habitants du pays. La craie tirée de ces exploitations sert aussi à faire de la chaux, et la sucrerie de Bresles en emploie pour la production de l'acide carbonique nécessaire à la fabrication du sucre.

Nous nous dirigeons vers l'une de ces marnières, située sur la route de Bresles à Rémérangles. Plusieurs exemplaires de *Be-*

lemnitella mucronata d'Orb. et des bancs de silex noirs, caractéristiques de la Craie à Belemnitelles, nous permettent de déterminer, d'une façon certaine, la couche sénonienne dans laquelle nous nous trouvons.

Nous observons dans la masse de la craie de nombreuses fractures ou diaclases produites par les mouvements du sol, mouvements auxquels la craie ne pouvait se prêter sans ruptures, étant donné sa nature peu élastique.

A la partie supérieure, la craie est colorée en jaune par des infiltrations provenant des couches superficielles; ces parties colorées ont la forme de poches. C'est le résultat de l'altération de la craie par les eaux pluviales et l'acide carbonique de l'air; cet acide dissout le carbonate de chaux et laisse sur place les parties argileuses qui sont teintées en rouge par les eaux chargées de sels de fer. C'est un commencement de production du limon à silex.

A l'intersection du chemin de Rémérangles et d'une voie romaine allant de Clermont à Beauvais, se trouvent, dans les champs, de nombreuses excavations dans le limon à silex. Les cailloux que l'on en tire servent à l'empierrement des routes. Nous remarquons de nombreux éclats anguleux résultant de la fracture naturelle des silex sous l'action des changements de température de l'atmosphère. L'état de ces silex démontre, avec l'étude des nombreuses poches que nous rencontrons, que le terrain qui nous occupe s'est formé sur place et n'est pas un dépôt de transport. L'épaisseur du dépôt est, en ce point, d'environ quatre mètres, mais il atteint souvent dans la même région une épaisseur double. Nous observons, dans l'une des excavations, un pointement de craie, et au milieu du limon un bloc de craie en voie de décomposition.

Nous nous engageons dans la voie romaine pour gagner Laversines; nous remarquons dans les talus des chemins que nous coupons quelques petits affleurements de sables glauconieux qui indiquent que la mer de Bracheux a atteint cette altitude.

La voie romaine se maintient longtemps sur une partie assez élevée du plateau, et nous apercevons à l'horizon la crête de la falaise Sud-Ouest du Pays de Bray. Plus près de nous se dressent plusieurs collines analogues au Mont-César. Ces collines présentent un nombre d'autant plus grand d'horizons tertiaires que l'on s'éloigne davantage de Beauvais. Ainsi le Mont-César offre successivement de haut en bas :

le Calcaire grossier,
le Sab'e de Cuise,
le système de l'Argile plastique ,
le Sable de Bracheux ,

tandis que la butte de la Justice, que nous explorerons plus tard, ne contient plus que les sables auxquels on a donné le nom de sables de Bracheux. Ce fait est dû au soulèvement du Pays de Bray, sur lequel nous aurons occasion de revenir.

Après une marche de trois kilomètres sur le plateau, nous arrivons à Laversines; là passe un ruisseau dans une vallée dont les flancs sont constitués par la craie à *Belemnitella mucronata;* nous y observons des poches remplies par les sables glauconieux de Bracheux. (Fig. III.)

Sous l'église abandonnée de Saint-Germain de Laversines se présente le Calcaire pisolithique; il est appliqué contre une fafalaise de craie sénonienne de huit mètres environ de hauteur. Nous sommes donc, en ce point, sur le rivage de la mer qui a déposé l'Etage danien.

Le fossile que nous trouvons le plus abondamment est la *Lima Carolina* d'Orb. Dans la partie moyenne de la masse, sur une hauteur de près de trois mètres, la roche en est complètement pétrie. Nous recueillons aussi de nombreux fragments de baguettes et de test du *Cidaris Tombecki*, Desh.

Dans des caves creusées tout à fait à la partie inférieure, la roche a un aspect différent et surtout une dureté beaucoup plus grande.

De Laversines nous nous dirigeons vers la butte de Bourguillemont, l'une de ces collines d'érosion que nous apercevions lorsque nous étions au sommet du plateau au Nord de Bresles. Bourguillemont a une constitution semblable à celle du Mont-César, sauf que le Calcaire grossier fait défaut à son sommet, qui est formé par les Sables de Cuise.

A la base on exploite les Sables de Bracheux, qui présentent ici les mêmes couches que les sablières de Bresles. La couche à *Ostrea Belloracina* y est bien en place. En voici la coupe :

Limon formant des poches d'infiltration............. 1^m,50
Banc à *Ostrea Belloracina*....................... .. 0^m,35

Sables légèrement argileux...................... 1ᵐ,60

Sables avec veinules argileuses (*à la partie inférieure, la stratification est très nette et les bancs sont zonés de parties jaunes légèrement ferrugineuses*) visibles sur..... 2 ,

Les assises supérieures sont colorées de teintes vives par les infiltrations d'eaux chargées de sels de fer et de manganèse. Sous les couches à gros fossiles se voient des sables très glauconieux. On y remarque un très grand nombre de ces longues tubulures fréquentes dans les dépôts sableux, et dont l'origine n'a pas encore été expliquée d'une manière satisfaisante.

Nous constatons de nouveau, à Therdonne, que nous sommes sur la craie : nous recueillons, en effet, dans une excavation l'*Ananchytes carinata,* Defr., indiquant le niveau des Bélemnitelles.

Les célèbres sablières qui ont fourni le type et donné leur nom aux Sables de Bracheux sont ouvertes dans une petite éminence appelée « *la butte de la Justice* », à trois kilomètres environ à l'Est de Beauvais.

Nous y relevons la coupe suivante :

Limon 0,40
Sable argileux à *Ostrea Bellovacina*............ 1,50 à 2ᵐ
Sables jaunâtres........................ .... . 1,50 à 2ᵐ
Ravinement :
Sables jaunâtres, sables et galets............. 5, » à 8ᵐ
Craie à Bélemnitelles (*non visible*).

Nous y faisons une abondante récolte de fossiles, parmi lesquels dominent :

Cyprina scutellaria, Desh.
Cardita pectuncularis, Desh.
Cardita multicostata, d'Orb.
Cardium Edwardsi, Desh.
Cucullœa crassatina, Lamk.
Ostrea Bellovacina, Lamk.

Là se termine la première excursion.

DEUXIÈME EXCURSION.

Cette excursion peut être divisée en deux parties.

Dans la première nous avons étudié les couches crétacées en

suivant leur ordre chronologique, depuis les Sables ferrugineux (*Néocomien*) jusqu'à la craie à *Belemnitella mucronata* (*Sénonien*).

Dans la deuxième partie nous avons exploré, dans une autre région, la même série de couches, mais dans l'ordre inverse, commençant par le *Sénonien* et terminant par le *Wealdien*.

PREMIÈRE PARTIE DE L'EXCURSION.

A cinq cents mètres environ de la station de Saint-Léger-en-Bray, où nous sommes descendus, nous rencontrons une sablière offrant de nombreux échantillons d'un minerai de fer qui a été exploité autrefois en plusieurs points du Pays de Bray. Ces sables, imprégnés de Limonite et d'Argile, se fragmentent en grands prismes ; cette forme régulière est due à des phenomènes de retrait et nullement à une force cristalline. Cette sablière est ouverte dans l'assise inférieure du *Néocomien*.

En quittant la sablière, nous prenons la grand'route de Gisors à Beauvais, et nous entrons dans le bois de Belloy. La route qui le traverse s'élève en pente très sensible. Près du sommet nous voyons affleurer une couche d'argile à poterie, intercalée au milieu de grès qui doit avoir en ce point environ un mètre à un mètre cinquante centimètres d'épaisseur. Au-dessus de cette argile se montrent les sables ferrugineux que nous avons examinés au commencement de notre course.

A partir de ce point nous descendons, et un peu avant de sortir du bois nous rencontrons, dans les talus de la route, la partie supérieure des sables ferrugineux renfermant de nombreux fragments de grès colorés en rouge brun foncé par la Limonite et où nous trouvons des empreintes de :

Panopœa neocomiensis, d'Orb.

Cardium.

Trigonia.

Nous continuons à descendre et nous rencontrons un deuxième niveau d'argiles à poteries, d'un bleu noirâtre, assez épaisses, sur lesquelles apparaît un deuxième niveau d'argiles dites argiles panachées.

Au bas de la côte, une exploitation est ouverte dans ce dernier niveau, remarquable par la couleur bariolée des couches, qui d'ailleurs ne contiennent pas de fossiles. Ces argiles sont employées à faire des mélanges dans les fabriques de poteries.

Avant de quitter cette exploitation, nous examinons devant nous les pentes qui constituent la falaise Nord-Est du Bray, que nous allons commencer à gravir. Au-dessus de l'argile panachée, quelques géologues ont eu l'occasion de voir dans des localités voisines de celle où nous nous trouvons, une couche d'environ un mètre d'argile aptienne, caractérisée par les *Ostrea aquila,* d'Orb., qu'elle renferme, mais nous ne pouvons la voir. Cette assise termine l'Etage néocomien.

Nous nous dirigeons ensuite vers l'église de Saint-Martin-le-Nœud ; nous traversons les affleurements des sables et des argiles du Gault. Ces dernières sont visibles dans le lit d'un petit ruisseau que nous franchissons. Au-delà du Gault commence la falaise. Nous traversons les affleurements de la Gaize, base du Cénomanien, puis de la Craie glauconieuse, dont nous ne pouvons constater la présence que par des débris disséminés dans les champs.

Au-delà de l'église de Saint-Martin-le-Nœud commence le Turonien ou Craie marneuse. En prenant le chemin qui s'éloigne de l'église, dans la direction Est, nous rencontrons une carrière ouverte dans ce niveau. La base est formée par des couches très marneuses à *Inoceramus labiatus;* la partie supérieure, un peu moins argileuse, est caractérisée par l'*Holaster planus.*

Nous recueillons :

A la partie inférieure :

> *Spondylus spinosus,* Desh.
> *Inoceramus labiatus,* Brgn. Spec.
> *Rhynchonella Cuvieri,* d'Orb.

A la partie supérieure :

> *Ammonites Prosperianus,* d'Orb.
> *Scaphites Geinitzi,* d'Orb.
> *Trochus ?*
> *Rhynchonella Cuvieri,* d'Orb.
> *Cidaris pseudohirudo,* Cot.
> *Holaster planus,* Agass.

Nous y observons, en outre, de nombreux exemples de cet accident qu'on a appelé *stilolithe.* Ce sont des parties polies et striées dues au glissement de deux surfaces l'une sur l'autre.

glissement occasionné par les mouvements de dislocation du sol.

Cette craie, qui est, comme nous l'avons dit plus haut, argileuse et compacte, est moins blanche que celle des couches que nous rencontrons plus loin ; on y trouve déjà quelques lits de silex noirs.

En suivant cette même route, nous arrivons à la grande carrière située près de la crête de la falaise au-dessus du village de Flambermont. L'exploitation, qui alimente un four à chaux, est ouverte dans la craie à *Micraster cortestudinarium*, Agass. ; elle a une hauteur d'environ vingt-cinq mètres. Les couches sont inclinées vers le Nord-Est sous un angle d'environ 20°. A la base de la carrière on voit un banc de calcaire noduleux plus résistant, ayant environ deux mètres d'épaisseur, et exploité comme pierre de taille.

Les nodules qui ont donné leur nom à la partie inférieure du Sénonien (*Craie noduleuse*) sont très nombreux dans ce banc. Ce sont des parties compactes, d'un aspect légèrement bleuâtre, qui tranchent nettement sur le reste de la craie. Nous trouvons dans cette carrière des silex noirâtres et un grand nombre de *Micraster cortestudinarium* accompagnés de grands *Inoceramus*.

Au-dessus de la carrière, nous sommes presque au point culminant de la falaise et nous dominons une grande partie du Pays de Bray.

La falaise Sud-Ouest se dresse devant nous et ferme l'horizon. Nous pouvons de là nous rendre compte du plongement du Jurassique supérieur et du Crétacé inférieur sous le Crétacé supérieur. Nous nous dirigeons ensuite à travers champs, en suivant la crête de la falaise, vers un four à chaux situé près de Goincourt, sur la route de Beauvais à Gisors.

Nous y trouvons de très nombreux exemplaires d'*Ananchytes carinata*, Defr., et quelques rares échantillons de *Micraster coranguinum*, Agass. Nous recueillons également des fragments de *Marsupites ornatus*, Miller. On voit dans cette carrière les couches plonger vers le Nord-Est. La craie y est très blanche, les silex y sont noirs, souvent très allongés, cylindriques et étroits En quelques points, ils sont en plaquettes parallèles à la stratification ou tapissent des diaclases très obliques.

A un kilomètre de Beauvais nous retrouvons encore ces couches qui, par suite du plongement, sont à une altitude beaucoup moindre. Avant de rentrer dans la ville nous visitons, près du faubourg Saint-Jean, une exploitation dans la craie à *Belemnitella mucronata*, mais nous ne trouvons que peu de fossiles.

DEUXIÈME PARTIE DE L'EXCURSION.

Dans l'après-midi nous retrouvons les mêmes couches, mais en sens inverse.

Nous sortons de Beauvais par le faubourg Saint-Just et nous quittons la route de Beauvais à Gournay pour prendre le chemin dit de la Trépinière. Ce chemin, qui monte rapidement, nous amène à peu près à la cote 155 dans la craie à *Micraster coranguinum*. Nous voyons devant nous, de l'autre côté de la vallée et sensiblement à la même hauteur, la carrière creusée dans les mêmes couches, où nous avons recueilli le matin l'*Ananchytes carinata* et le *Marsupites ornatus*.

Nous quittons le chemin de la Trépinière pour gagner une carrière située près de Goincourt, sur la route de Beauvais à Gournay, et ouverte dans la craie à *Holaster planus*. Avant d'y arriver nous traversons la couche à *Micraster cortestudinarium*, sans qu'elle se montre à nous.

Nous recueillons dans cette carrière :

A la base :

    Inoceramus labiatus, Brgn.

A la partie moyenne et supérieure :

    Scaphites,

    Holaster planus, Agass.,

et un exemplaire de l'*Ammonites peramplus*, Mantell., ayant au moins vingt-cinq centimètres de diamètre. Cet échantillon nous montre que cette espèce est, comme M. Hébert l'a indiqué depuis longtemps, l'adulte de l'*Ammonites Prosperianus*, que nous avons trouvé le matin.

En continuant notre marche sur la même route, nous traversons successivement la Craie glauconienne, la Gaize et l'argile du Gault. Les affleurements sont malheureusement masqués dans cette région.

Un peu avant d'arriver à la fabrique de poterie appelée L'Italienne, nous trouvons, le long de la route, sur notre gauche, une exploitation ouverte dans les sables du Gault. En ce point, les sables ont perdu leur coloration verte caractéristique; ils sont devenus jaunes par suite de l'altération et de l'oxydation de la Glauconie qui s'est transformée en argile et en Limonite. Leur coloration est, en ce point, presque comparable à celle des sables et grès ferrugineux du Néocomien inférieur. Nous y remarquons de nombreux points noirs d'oxyde de manganèse. La direction des couches y accuse nettement leur plongement sous la colline de craie que nous venons d'explorer.

Un peu plus loin, nous quittons la route, et, traversant les champs sur notre droite, nous voyons les restes d'une ancienne exploitation d'argile panachée.

A une centaine de mètres plus au Nord, nous arrivons sur la route de L'Italienne à Saint-Paul, auprès d'une sablière récemment ouverte dans les sables du Gault, dont nous pouvons observer la couleur verte caractéristique. La stratification est celle des courants rapides. Le plongement vers le Nord-Est est bien accentué. En suivant la route vers Saint-Paul, nous voyons dans les champs de petites mares nous indiquant que nous passons sur les argiles du Gault.

A la base de la falaise crétacée, dans les champs, affleure la gaize à *Ammonites varians,* Sow.; nous recueillons un fort bel exemplaire de ce fossile. La Craie de Rouen ou Craie glauconieuse n'est pas visible. Plus haut, dans la colline, se voient des exploitations de craie qui doivent être ouvertes dans le niveau de l'*Inoceramus labiatus.*

En traversant le village de Saint-Paul, nous voyons des affleurements d'argiles panachées. Plus loin, sous l'église, près d'un abreuvoir, se montrent les grès ferrugineux que nous avons vus le matin près de la station de Saint-Léger. Ils sont ici accompagnés d'argile à poterie.

Nous pouvons constater que la faille du Pays de Bray passe dans le voisinage de l'église.

Presque à la sortie de Saint-Paul nous retrouvons les grès ferrugineux surmontés d'argile à poterie.

Au point de jonction des chemins qui conduisent de Saint-Paul et du Becquet à la gare de Saint-Paul, nous trouvons une

vaste exploitation de sables ferrugineux. La stratification indique un dépôt de courants rapides. Un grand nombre de petits filets argileux sont subordonnés aux sables.

Nous allons jusqu'au Becquet, où nous voyons de nombreuses exploitations d'une argile réfractaire de qualité exceptionnelle, activement recherchée et exploitée avec les plus grands soins.

Nous reprenons la direction de la gare et, à quelques centaines de mètres avant d'y arriver, nous voyons une coupe dans les sables blancs de l'Etage wealdien.

Dans la partie supérieure nous faisons une abondante collecte de feuilles de fougères *Lonchopteris Mantelli*, Brgn.

Dans la série stratigraphique, ces sables viennent au-dessous des argiles blanches réfractaires que nous avons vues vers le Becquet.

TROISIÈME EXCURSION.

Dans la troisième excursion nous avons examiné le Gault, la Gaize, la Craie glauconieuse et le Terrain tertiaire, depuis les Sables de Bracheux jusqu'au Calcaire grossier supérieur.

En quittant la gare de Saint-Sulpice nous gagnons la tranchée située près du hameau de la Grosse-Saulx; elle est creusée dans la Gaize et la Craie glauconieuse. La Gaize que nous examinons dans la partie Nord de la tranchée a une teinte grisâtre et présente une assez grande résistance. Sa légèreté est remarquable et l'analyse chimique y décèle une très forte proportion de Silice. Nous y voyons un certain nombre de bancs plus durs et plus compactes que l'ensemble de la masse.

On y trouve :

> *Ammonites falcatus,* Mantell.
>   —   *varians,* Sow.
>   —   *inflatus,* Sow.
> *Ostrea lateralis,* Nilss.

En s'avançant vers la partie sud de la tranchée on voit apparaître la Craie glauconieuse, sous laquelle la Gaize plonge assez rapidement. Elle est caractérisée par de la Glauconie et les espèces suivantes :

Ammonites varians, Sow.
      —   *Rothomagensis,* Lamk.
Pecten asper, Lamk.
Ostrea vesicularis, Lamk.
Holaster subglobosus, Agass.

De la tranchée nous nous dirigeons vers le village de la Vallée. En montant vers l'église de Saint-Sulpice nous rencontrons le Gault exploité pour la fabrication d'objets en terre cuite. (Fig. V.)

Nous y recueillons :

Ammonites Lyelli, Leym.
      —   *Dupinianus,* d'Orb.
      —   *latidorsatus,* Michelin.
Nucula pectinata, Sow.
Inoceramus.

Un sentier qui traverse cette exploitation nous permet de constater le contact du Gault et des sables verts. Ces différentes couches plongent de 25 à 35° sous l'église de Saint-Sulpice.

En continuant à monter, nous traversons la Gaize et la Craie glauconieuse, dont nous recueillons quelques échantillons dans les champs et dans les talus de la route.

L'Etage cénomanien paraît n'avoir, en ce point, qu'une quinzaine de mètres d'épaisseur.

Un peu avant d'arriver à l'église nous sommes sur la craie à *Inoceramus labiatus,* qu'une excavation dans le sol nous permet de reconnaître.

Nous y trouvons :

Spondylus spinosus, Desh.
Cidaris subvesiculosa, d'Orb.
      —   *pseudohirudo,* Cott.
Spongiaires.

Nous laissons l'église de Saint-Sulpice sur notre droite et nous nous dirigeons vers le hameau des Godins. Les champs que nous traversons reposent sur la craie recouverte de limon et, par places, de lambeaux de Sables de Bracheux. En se rapprochant des Godins, le limon se charge de sable.

Dans le bois situé près de ce village, un chemin creux coupe les Sables de Bracheux, très fossilifères. C'est le gisement désigné généralement sous le nom de gisement d'Abbecourt.

Ces sables sont jaunes, d'une teinte plus ou moins foncée, visibles environ sur trois mètres d'épaisseur.

Parmi les nombreux fossiles que nous recueillons, nous citerons :

> *Natica.*
> *Turritella.*
> *Crassatella Bellovacina,* Desh.
> *Cardita pectuncularis,* Desh.
> *Lucina contorta,* Def.
> *Corbis Davidsoni,* Desh.
> *Cucullœa crassatina,* Lamk.
> *Ostrea Bellovacina,* Lamk.

Ces couches sont inférieures à celles renfermant de grandes Cardites, que nous avons vues à Bracheux.

De ce point nous nous rendons à une cendrière abandonnée, située dans le bois de L'Epine, près de la route de Beauvais à Noailles. Cette cendrière se trouve à la même altitude que les Sables de Bracheux que nous venons de voir, ce qui prouve le plongement de ces derniers sous les lignites. Cette cendrière, en partie comblée, ne nous permet de voir que la partie supérieure de l'Etage des lignites.

Nous ne voyons que la couche à *Cyrena cuneiformis* et *Ostrea Bellovacina,* ainsi que le banc de galets à la partie supérieure. Nous trouvons un grand nombre de cristaux de gypse provenant de la décomposition des sulfures de fer contenus dans les argiles et de la combinaison de l'acide sulfurique ainsi formé avec la chaux.

Nous reprenons la route de Noailles, laissant à notre gauche, à quelques centaines de mètres, une colline constituée par les Sables de Cuise et couronnée par le Calcaire grossier.

A l'entrée du village de Ponchon il y a une belle coupe dans les Sables de Cuise. (Fig. IV) Ces sables sont très glauconieux dans certains bancs et passent à des grès que l'on serait tenté, au premier abord, de placer à la base du Calcaire grossier, si d'innombrables *Nummilites planulata,* d'Orb., ne venaient empêcher toute erreur. D'ailleurs, ces couches glauconieuses, qui reposent sur du sable ayant la couleur jaune ordinaire des sables de Cuise, sont surmontées elles-mêmes de sable jaune où nous voyons en abondance les rognons magnésiens caractéristiques de ce niveau et appelés *têtes de chats.* Nous les observons sur une longueur de plusieurs mètres.

En continuant à suivre le chemin qui monte au flanc du coteau nous arrivons bientôt au Calcaire grossier, qui se reconnaît aux *Nummulites lœvigata,* Lamk., dont le sol est jonché.

Sur le sommet du plateau nous voyons le Calcaire grossier moyen sous forme de rognons, exploité pour l'empierrement des routes. Ce calcaire contient en abondance les fossiles caractéristiques suivants :

Turritella imbricataria, Desh.
—   *carinifera,* Desh.
Cytherea lœvigata, Lamk.
Cardita angusta, v. Münster.
Corbis lamellosa, Lamk.

Reprenant la direction de Noailles, nous traversons une région dont le sol est formé par les Sables de Cuise, plus ou moins réduits d'epaisseur par les érosions quaternaires ; plus près de Noailles, nous passons sur l'Argile plastique, dont la présence se reconnait à des mares et à des étangs.

Après avoir déjeûné à Noailles nous allons étudier le Calcaire grossier qui couronne les hauteurs comprises entre le Thérain, l'Oise et le prolongement de l'axe du Bray.

Comme sur la colline de Ponchon, les pentes que nous gravissons sont formées par les Sables de Cuise. Le Calcaire grossier n'apparaît qu'à la partie supérieure ; il a protegé les Sables de Cuise sousjacents contre les érosions de la période quaternaire.

Sur le plateau au-dessus de Fercourt se trouve le célèbre gisement connu sous le nom de gisement de Mouchy.

Les fossiles du Calcaire grossier moyen sont ici très abondants et dans un parfait état de conservation. On y a reconnu près de mille espèces de Mollusques, Brachiopodes, Foraminifères, etc., parmi lesquelles nous citerons :

Strombus Bartonensis, Sow.
—   *canalis,* Lamk.
Rostellaria fissurella, Lamk.
Pleurotoma dentata, Lamk.

Natica cœpacea, Lamk.
— *epiglottina*, Lamk.
Turritella imbricataria, Desh.
— *carinifera*, Desh.
Hipponyx cornucopiœ, Def.
Cytherea elegans, Lamk.
— *lœvigata*, Lamk.
Chama calcarata, Lamk.

Après avoir fait une ample récolte de ces nombreuses espèces, nous nous dirigeons vers Mouy. Le plateau que nous traversons nous offre quelques excavatious d'où l'on extrait des moellons ; elles sont toutes ouvertes dans le Calcaire grossier supérieur ou à Cérithes. A la base de ce niveau nous voyons de grandes dalles pétries de :

Cerithium lapidum, Lamk.
— *cristatum*, Lamk.
— *denticulatum*, Lamk.
Cyclostona mumia, Lamk.

Dans le talus de la route qui descend du plateau, vers Mouy, nous trouvons un affleurement de Calcaire grossier supérieur renfermant :

Cerithium Gravesi, Desh.
— *tricinctum*, Sismonda.

Plus loin, notre attention est attirée par une petite faille qui met en contact la base du Calcaire grossier supérieur (couche à *Cardium aviculare*) avec les Sables de Cuise.

QUATRIÈME EXCURSION.

Le but principal de la quatrième excursion était d'étudier le bombement par suite duquel le Terrain jurassique est venu au jour, au centre du Pays de Bray.

A Saint-Germer, nous trouvons, dans la gare même, l'affleurement des sables du Gault. Ces sables sont ici d'un jaune clair et, en certains points, presque blancs, par suite de la disparition de la Glauconie.

Nous laissons derrière nous les falaises crétacées qui bordent le Bray et nous marchons dans la direction Nord, vers l'axe du bombement.

A peu de distance de la station, les ornières des chemins, par leur coloration rose, nous indiquent que nous traversons les argiles panachées.

Continuant notre route vers le Nord, dans la direction de Senantes, nous restons longtemps sur les sables néocomiens et wealdiens. Les argiles, subordonnées à ces sables, sont indiquées par la présence de nombreuses flaques d'eau.

Près de Goulancourt, nous observons les sables blancs à fougères du Wealdien, et bientôt nous passons du Wealdien dans le Portlandien, c'est-à-dire du Crétacé dans le Jurassique.

Le Portlandien supérieur est constitué par des sables ferrugineux renfermant un grand nombre de petits galets; ils rappellent les sables ferrugineux du Néocomien. En plusieurs points, ces sables sont agglomérés et forment des bancs de grès où l'on trouve parfois des moules de *Trigonia gibbosa*, Sow.

A quelques centaines de mètres au Nord-Ouest du village de Senantes nous trouvons des exploitations de bancs calcaires pour moellons et empierrement, appartenant à la partie supérieure du Portlandien inférieur (1). Ces exploitations, qui ont été étudiées autrefois par M. Hébert, nous fournissent :

Venus Saussurei, Goldf.

Trigonia Barensis, Buvigner.

— *Bononiensis*, de Bor.

Pecten.

Ostrea bruntrutana, d'Orb.

Les fossiles, à l'exception des *Ostrea bruntrutana*, qui pullulent en ce point, sont peu abondants et en assez mauvais état.

De là nous nous dirigeons vers le Nord et nous arrivons à la cote 201, à la crête du plateau, d'où nous voyons la partie centrale du Bray constituée par le Kimméridien, que nous retrouvons à Villembray.

A environ un kilomètre au Sud-Est de Senantes nous ren-

____

(1) M. Hébert : *Les mers anciennes et leurs rivages dans le bassin de Paris*, p 77.

controns une excavation récente, mettant à nu des sables et grès à *Anomya lævigata*, Sow., inférieurs aux calcaires que nous avions vus précédemment à Senantes.

Nous quittons la route de Senantes à Villembray pour traverser le village d'Amuchy, au-delà duquel nous prenons le chemin qui conduit de Goulancourt à Blacourt.

Nous y observons de nouveau les galets du Portlandien supérieur que nous avons vus précédemment, mais ils sont ici plus abondants et plus volumineux ; ils proviennent principalement des terrains carbonifère et triasique du Nord, comme l'a indiqué M. de Lapparent (1).

Nous reprenons ensuite la direction Nord pour rejoindre, à peu près au point où nous l'avons quittée, la route de Senantes à Villembray. Avant d'y arriver, nous observons dans les chemins les argiles bleues à *Ostrea expansa*, Sow., du Portlandien moyen, dont la partie supérieure présente encore des petits galets.

Nous retrouvons sur le chemin de Senantes à Meshayes, à environ un kilomètre de cette localité, les couches à *Anomya lævigata*, puis nous descendons directement vers Villembray.

Au carrefour qui se trouve à environ deux cent cinquante mètres au Sud-Ouest de l'église nous voyons, dans le talus de la route, le contact du Portlandien inférieur représenté par des couches à *Ostrea catalaunica*, avec le Kimméridien, dans lequel apparaît l'*Ostrea virgula*, d'Orb.

En quittant Villembray par la grand'route qui se dirige vers l'Est nous nous élevons sensiblement et nous retrouvons les couches les plus inférieures du Portlandien inférieur ; nous recueillons un certain nombre de fossiles dans les talus :

> *Ammonites gigas*, Zieten.
> *Vénus Saussurei*, Golf.
> *Cardium*.

Nous gagnons ensuite La Chapelle-aux-Pots, où nous prenons le train pour Paris.

---

(1) De Lapparent : *Le Pays de Bray*, p. 47.

RÉSUMÉ.

En résumé, dans cette excursion qui n'a duré que quatre jours, nous avons vu une partie du Terrain jurassique supérieur, le Terrain crétacé du Nord de la France et une grande partie del'Eocène.

Si, dans une région relativement aussi rapprochée du centre du bassin de Paris que l'est le Pays de Bray, nous avons pu voir des couches aussi anciennes, c'est grâce à l'accident géologique qui, après avoir soulevé cette contrée, a rompu la clef de voûte du bombement de manière à laisser voir les couches inférieures.

Les couches les plus anciennes que l'on rencontre dans les environs de Beauvais sont les argiles à *Ostrea virgula*, appartenant à la partie supérieure du Kimméridien.

A Villembray, nous les avons vues recouvertes par des marnes renfermant l'*Ostrea catalaunica*; c'est par elles que commence l'Etage portlandien; il comprend, à sa partie inférieure, les couches à *Ostrea catalaunica*, *Venus Saussurei*, *Ammonites gigas*; puis les grès calcaires à *Anomya lævigata* (vus près de Senantes et de Meshayes), enfin les couches à *Ostrea bruntrutana*. Le Portlandien moyen est constitué par des argiles bleues à *Ostrea expansa*. Quant au Portlandien supérieur, il est représenté par des sables glauconieux à *Trigonia gibbosa*, que nous avons pu voir près de Goulancourt.

Dans la partie méridionale du Pays de Bray, cette assise se charge de galets provenant de roches carbonifères et triasiques. Ce facies littoral indique que, déjà à la fin de l'époque portlandienne, cette région commençait à s'exhausser (1).

Ce mouvement d'exhaussement semble s'être continué pendant le commencement de la période suivante, car les premiers sédiments du Terrain crétacé sont encore des sables. Ils sont plus blancs que les précédents et renferment des végétaux terrestres, *Lonchopteris Mantelli*, comme nous avons pu le constater à Saint-Paul; ce sont de vrais dépôts de rivages. Ces sables dans lesquels on trouve, sous forme de bancs et de poches, des argiles blanches réfractaires représentant l'Etage wealdien.

---

(1) De Lapparent : *Le Pays de Bray*; Paris, 1879; p. 47.

Au-dessus apparaissent de nouveaux sables ferrugineux avec nodules de limonite (bois de Belloy, Saint-Paul, etc.). Avec ces couches commence le second étage crétacé, le Néocomien. L'argile bleu noirâtre (exploitations du bois de Belloy, de Saint-Paul, etc.), qui est supérieure à ces sables ferrugineux, termine le Néocomien inférieur. Au-dessus se trouvent les argiles panachées (L'Italienne, Saint-Martin-le-Nœud), qui constituent le Néoconien moyen.

Le Néoconien supérieur ou Aptien est représenté par des argiles à *Ostrea aquila*, que certains auteurs ont signalées dans cette région ; mais nous n'avons pas pu les voir.

Puis vient l'étage du Gault, commençant par des sables glauconieux. Sur la route de La Vallée à Saint-Sulpice, ces sables verts sont surmontés d'argiles bleues renfermant les ammonites caractéristiques de cet âge.

L'Etage cénomanien, qui succède au Gault, comprend deux divisions : la première est la Gaize, caractérisée par *Ammonites inflatus*, Sow. ; la seconde est la Craie glauconieuse, dont les fossiles caractéristiques sont *Ammonites Rothomagensis*, *Ammonites varians*. Dans la tranchée de La Grosse-Saulx et aux environs de Saint-Paul, nous avons pu, grâce aux fossiles, distinguer aisément ces deux niveaux.

Sur la Craie glauconieuse ou Craie de Rouen repose l'Etage turronien ou Craie marneuse, ainsi que nous avons pu le constater à Saint-Martin-le-Nœud et à Saint-Sulpice. Nous en avons reconnu les deux assises, la première à *Inoceramus labiatus*, la seconde à *Holaster planus*. Cette Craie marneuse se distingue par sa couleur de la Craie blanche qui lui est superposée (Sénonien). Dans ce dernier étage nous avons vu nettement des lits de silex noirs, cariés, caractéristiques, et nous en avons reconnu les trois grandes divisions : à la partie inférieure, la Craie noduleuse à *Micraster cortestudinarium* (Flambermont) ; au-dessus la Craie à *Micraster coranguinum* (Therdonne, Goincourt, chemin de la Trépinière), et enfin la Craie à *Belemnitelles*, qui reste au pied des couches relevées par le soulèvement du Bray (1).

Le dernier étage du Terrain crétacé est le Danien, dont il

____

(1) Hébert : *Bull. Soc. Géol. de France*, deuxième série, t. XX, p. 6, 14.

reste un lambeau à Laversines. Dans la région qui nous occupe on ne rencontre que la partie supérieure de cet étage, qui vient s'appuyer sur un rivage constitué par la Craie blanche (1).

Nous voyons donc que depuis l'époque du Gault, qui est franchement marin, le sol du Pays de Bray est resté immergé comme tout le Nord de la France. Après le dépôt de la Craie à *Belemnitelles,* il se produit un exhaussement et le sol est émergé pendant le dépôt du Danien inférieur (2) ; mais un mouvement d'affaissement permet à la mer de pénétrer dans les golfes formés par le Sénonien exhaussé, et, à l'époque du Danien supérieur, son rivage passe à Laversines ; enfin, le mouvement d'exhaussement recommençant, les dépôts tertiaires ne se trouvent plus qu'à une certaine distance du Pays de Bray ; aussi est-ce en dehors de cette région que nous les avons vus.

Ils commencent par les Sables de Bracheux, qui reposent sur la Craie à *Belemnitella mucronata.* Nous trouvons, d'une façon constante, dans les différents gisements, les niveaux à *Cucullœa crassatina* et à grosses cardites ; les localités de Bresles et de Bracheux nous permettent de constater un ravinement séparant ces sables en deux parties.

A la sablière de Bresles, sous ces couches à grosses cardites, se voit un sable blanc sans fossiles, correspondant au niveau inférieur à grosses cucullées. A la partie supérieure nous avons observé des bancs saumâtres qui terminent l'étage des Sables de Bracheux et qui représentent l'horizon de Jonchéry.

Au-dessus vient l'Etage des Lignites, dont nous n'avons pas pu observer toutes les assises.

Dans le bois de L'Epine, nous n'avons vu que les couches à *Cyrena cuneiformis* et *Ostrea Bellovacina,* surmontées d'un banc de cailloux roulés. Au pied du Mont-César nous avons pu reconnaître quelques fossiles des couches inférieures.

Les Sables de Cuise, qui succèdent à l'Etage des Lignites, dé-

---

(1) Hébert : *Les mers anciennes et leurs rivages dans le bassin de Paris;* Paris, 1857, p. 77.

(2) Hébert : *Plissements de la craie dans le nord de la France.* (Comptes rendus de l'Académie des sciences, séance du 17 avril 1876.)

butent par des sables et des grès à *Nummulites planulata*. La partie supérieure de l'étage, presque entièrement sableuse, présente, en grand nombre, les rognons magnésiens, si caractéristiques de cet étage, désignés vulgairement sous le nom de têtes de chat.

A Ponchon, sur ces sables qui terminent la série éocène inférieure, repose un calcaire sableux à *Nummulites lævigata*, qui forme la base de l'Eocène moyen : c'est la partie inférieure du Calcaire grossier. Les couches qui viennent ensuite sont très riches en fossiles parfaitement conservés (gisement de Mouchy). Enfin, la partie supérieure du Calcaire grossier ou Calcaire à cérithes forme le plateau de Mouy.

Ainsi que M. Munier nous l'a fait remarquer à plusieurs reprises, les différents étages tertiaires se trouvent d'autant plus développés qu'ils s'éloignent plus du Pays de Bray. Ce fait nous prouve que le mouvement d'exhaussement de cette région a continué durant le commencement de la période tertiaire; il semble même qu'il ait duré jusqu'au dépôt du Calcaire grossier supérieur (1) et probablemeut au-delà (2).

Les tourbières de Bresles appartiennent à la Période quaternaire par les ossements fossiles qu'on y trouve, et à la période actuelle par leur mode de formation. C'est aussi à la Période actuelle qu'il faut rapporter le limon à silex, bien que le phénomène auquel il est dû ait été préparé par les dénudations auxquelles ont donné lieu les érosions quaternaires.

---

(1) De Lapparent : op. cit., p. 161.

(2) Hébert : *Ondulations de la craie dans le bassin de Paris : Bull Soc. Géol. de France*, troisième série, t. III, p. 538.